Das Woody Allen Kochbuch

Essen mit dem Stadtneurotiker – immer ein Vergnügen

Berndt Schulz

Weingarten

In dieser Reihe ebenfalls erschienen:
Das CASABLANCA Kochbuch
Das VOM WINDE VERWEHT Kochbuch
Das LA DOLCE VITA Kochbuch
Das DOKTOR SCHIWAGO Kochbuch
Das HITCHCOCK Krimi-Kochbuch

Die Deutsche Bibliothek – CIP-Einheitsaufnahme

Schulz, Berndt:
Das Woody Allen Kochbuch: Essen mit dem Stadtneurotiker –
immer ein Vergnügen/von Berndt Schulz. - Weingarten:
Weingarten, 1995
ISBN 3-8170-0026-X

Für die freundliche Genehmigung zum Abdruck des Fotos auf dem Rückendeckel dankt der Verlag dem Deutschen Institut für Filmkunde (DiFF), Frank-
furt/Main, für die Abdruckgenehmigung der restlichen Fotos dem Archiv des
Autors.

Titelfoto: Aus „Bananas"
Rückendeckel: Aus „Radio Days"

© 1995 by Kunstverlag Weingarten GmbH, Weingarten
Satz: Riedmayer GmbH, Weingarten
Reproduktion: repro-team gmbh, Weingarten
Gesamtherstellung: Westermann Druck Zwickau GmbH, Zwickau
Printed in Germany
ISBN 3-8170-0026-X

INHALT

VORWORT

Woody Allen, weltberühmter Autor, Regisseur und Komiker, ist auch ein Feinschmecker. Darüberhinaus sind für ihn die lukullischen Genüsse eine besonders bekömmliche Form des Lebenssinns. „Ich habe keine Angst vor dem Leben nach dem Tod, Hauptsache sie sind dort imstande, Tortellini zu servieren."

Essen ist in Woody Allens Filmen immer ein moralischer Akt. Wenn's schmeckt, sind die Leute in Ordnung. Ein Wissenschaftler in *Verbrechen und andere Kleinigkeiten* wird erst dadurch zum Preisträger, weil er das Rezept für marinierte Steaks besitzt. Selbst Brathuhn im eigenen Blut kann durchgehen, wenn nur die verklemmte Familie im neuenglischen Eßzimmer das Essen nicht serviert, wie in *Der Stadtneurotiker.* Die Familie, für Allen bis hin zu *Ehemänner und Ehefrauen* Herd der Kleinkriege, versalzt des öfteren gutes Essen durch entleerte Rituale und Psycho-Rezepte. Eine typische, verpatzte Essenseinladung: zu „einer großen Rosine, großzügigen Portionen Speck und einer Dose Salm für jeden" bei den Helmholtzens.

Dem realen Allen hat es vor allem die Küche New Yorks angetan. Man kann ihn regelmäßig in drei bis fünf Restaurants der Innenstadt treffen – manchmal allerdings erst ab zwei Uhr nachts. Am häufigsten im „Russian Tea Room" in der Nähe der 57. Straße. Liebendgern geht er außerdem in die jüdischen „Delicatessen Restaurants", kurz „Delis" genannt, wo der Duft von Koriander, Zwiebeln und feingewürzter Leber, von Knoblauch, Pökelfleisch, heißem Corned Beef und hausgemachter Pastrami unwiderstehlich ist. In der 7th Avenue befindet sich das zur Zeit berühmteste Deli, das „Carnegie". Dort ließ Allen seine Komikerrunde die verrückte Story vom *Broadway Danny Rose* erzählen und mit viel kalifornischem Wein hinunterspülen. Seitdem ist eine der „Carnegie"-Spezialitäten: das „Danny Rose Special Sandwich", gepfefferte und gepökelte Rinderbrust auf Weißbrot, eine Köstlichkeit, beileibe nicht nur für Allen-Fans. In Allen-Filmen wird viel gegessen und getrunken – vor allem in den richtigen Komödien. In seinen ernsten Filmen vergeht den handelnden Personen bei schwieriger Sinnsuche oft der Appetit. Egal, ob jüdische, italienische, französische und russische Küche – stets haben die Gerichte und die Eßrituale eine besondere Bedeutung für die Dramaturgie des Films und oft für deren komische Wirkung.

Das Woody Allen Kochbuch präsentiert alle nachrecherchierten Rezepte aus den Filmen. Die seriösen, die zum Nachkochen einladen und die von Allen nicht ganz ernstgemeinten; dazu Dialoge, Situationen, Sentenzen. Ergänzt wird das Buch durch einen Spaziergang mit Woody Allen durch die Restaurants und Kneipen von New York, bzw. von Downtown Manhattan, in denen der Meister speist. Essen mit dem Stadtneurotiker – immer ein Vergnügen.
(Sofern nicht anders angegeben, gelten die Mengenangaben für 4 Personen.)

STATT EINES TOASTS

„Er glaubte, alles im Leben ereigne sich durch puren Zufall, abgesehen möglicherweise von seinem Frühstück, von dem er das sichere Gefühl hatte, seine Wirtin mache es."
(Meine Ansprache an die Schulabgänger)

„Ich speiste einmal mit Professor Gideon Cheps, dem ein komplettes russisches Menü serviert wurde, das aus Borschtsch, Huhn Kiew und Halwa bestand – worauf er zu mit sagte: Sind diese Spaghetti nicht köstlich!"
(Wir aßen für sie im „Fabrizio's")

„Nun trägt seine Mutter das Frühstück auf, und weil die Familie zu arm ist, um sich frische Brötchen zu leisten, streicht er die Marmelade auf die Zeitung."
(Erinnerungen – Orte und Menschen)

„Cloquet haßte die Wirklichkeit, war sich aber klar darüber, daß sie noch immer der einzige Ort war, wo man ein anständiges Steak bekam."
(Der zum Tode Verurteilte)

„… Bald begann er, an den ersten seiner berühmten Launen und Ängste zu leiden, was ihn einige Jahre unfähig machte, an einem Brathähnchen vorbeizugehen, ohne an seinen Hut zu tippen."
(Lovborgs große Frauen)

Zutaten für Woodys Vorspeisenküche aus *Zelig*

WOODYS BÄH-REZEPTE

1. Brathähnchen im eigenen Blut
2. Eine Portion Salm aus der Dose für jeden
3. Geschmortes Kaninchen mit Fell
4. Mit Marxismus gefüllte Tortellini
5. Gebratenes Steak in Frischhaltefolie
6. Erschlaffte Bandnudeln
7. Flüssiges Astronauten-Schnitzel
8. Chili con Carne ohne Carne
9. Gnocchi mit tschechischer Soße
10. Pizza mit Kürbis und Kokosnuß

ALLENS LIEBLINGSREZEPTE
Vor allem aus der italienischen und der koscher-jüdischen Küche

1. Pasta und Antipasti
2. Grüne Fettucine
3. Knoblauchgetränkte Riesengarnelen
4. Zarte Piccata vom Kalb
5. Spumoni
6. Spaghetti Vongole
7. Hühnchen alla Parmigiana (mit Käse überbacken)
8. Zuppa di vongole (Muschelsuppe)
9. Hühnchen Tetrazzini
10. Tortoni
11. Roastbeef
12. Corned Beef mit Röstkartoffeln
13. Hammelragout

Woody Allen auf dem Weg in sein Lieblings-Restaurant „Elaine's". Der Schlapphut, mit dem er sich vor aufdringlichen Fans schützt, macht ihn absolut unkenntlich

MIT WOODY ALLEN DURCH MANHATTAN

Daß Woody Allen New York so gut wie nie verläßt, weiß inzwischen jeder. Er ist ein Stadtneurotiker. Aber warum sollte er auch woanders hingehen – allein in Manhattan findet er alles, was er an Restaurants, Cafés, Kneipen, Bistros braucht. Wir folgen ihm auf seinem Weg durch die „Szene", in die er regelmäßig eintaucht – oft erst gegen Morgen, nach einer durchgearbeiteten oder auch durchhaderten Nacht.

Erstes Anlaufziel ist das Restaurant „Elaine's". Woody Allen ließ hier seinen Film *Manhattan* beginnen, erinnern Sie sich? Ja, genau, die Szene mit Mariel Hemingway, Diane Keaton und Michael Murphy. Die Kneipe in der 2nd Avenue, Nr. 1703 (Tel.: 5 34-81 03) ist Treffpunkt der Stars von New York, für Allen also das ideale „Wohnzimmer", nachdem er seine Arbeitsräume im Filmhaus verlassen hat. Bei Elaine, so heißt auch die resolute Wirtin, gibt es wunderbaren kalifornischen Wein, und Allen bevorzugt die Fettucine in einer ganz einfachen Zubereitung. Nicht jedermanns Geschmack, aber Woodys.

Woodys Fettucine

400 g grüne Fettucine	in
4 l gut gesalzenem Wasser	kochen, danach herausnehmen und abtropfen lassen. Mit
125 g erhitzter Butter	in die Pfanne leicht vermischen, danach
125 g frischen Parmesan	dazugeben. Gleichmäßig verrühren und heiß servieren. Fertig!

Dazu einen leichten italienischen Landwein servieren.

Auf die andere Seite des Central Park muß Woody Allen, wenn er seine Cheeseburger essen will – denn zu den Konfektions-Fast-food-Absteigen geht er nicht. Es zieht ihn zu „Nanny Rose", in die 301 Columbus Avenue (Tel.: 787-38 01) jedoch erst dann, wenn die Nacht zu Ende ist. An den Tischen mit den Papiertischdecken kann man ungestört kleckern, deshalb wollen Zeitgenossen ihn auch schon mit seinen Kindern zum Frühstück hier gesehen haben. Die Flecken von Ketchup, Fett und herausgerutschten Gürkchen gelten hinterher als Kunst.

Cheeseburger als Kunst

400 g Tartar	mit
2 verrührten Eiern	sowie
4 TL Sahne,	
etwas Knoblauchsalz	und
1 gehackten Zwiebel	vermengen. Mit
Salz und Pfeffer,	
1 Schuß Tabasco (oder	
auch Worcestersauce)	und
1 Schuß Sojasauce	abschmecken. Vier feste Fleischküchlein formen und diese danach zu Fladen flachklopfen. Entweder in einer großen Pfanne oder im Backofen braten.
Je eine Käsescheibe	kurz im Grill oder in der Pfanne anschmelzen, auf den Hamburger legen, der innen noch ein wenig rosa und schön saftig, außen jedoch kroß sein soll.

Als Beilage kann man frischen, knackigen Salat, hauchdünne Zwiebelringe, eine Scheibe Gewürzgurke, Ketchup oder Senf wählen. Entweder etwas davon – oder alles zusammen. Mit einem frisch angetoasteten Sesambrötchen oder zu Kartoffelchips beziehungsweise Pommes frites servieren.

Wenn unser Nachtbummler Woody Allen einen Ausblick auf den Central Park haben will, der etwas anders ist, als der von seiner eigenen Terrasse, dann geht er in das Edelrestaurant „Tavern-on-the-Green" in die West 67th Street at Central (Tel.: 8 73-32 00). Da er hier ein beliebter Gast ist – er drehte auch einige Szenen für seinen Film *Verbrechen und andere Kleinigkeiten* in dem Restaurant –, kann er auch mit Golfhut, zerknautschter Leinenhose, kariertem Sporthemd und Bama-Schuhen aufkreuzen – Smoking und Abendkleid überläßt er den Gernegroßen. Zum Ausblick auf die Bäume des Parks oder, nach Einbruch der Dunkelheit, die faszinierende Lichterorgie der Skyline – auch sie verewigte Allen in seinem schwarzweißen Meisterwerk *Manhattan* zur Rhapsodie in Blue von George Gershwin, nimmt Allen einen Cocktail und danach als Grundlage etwas versöhnlich stimmendes, dies könnte sein:Cocktail Margharita, Versöhnliches Kalbfleisch in Rotwein.

Cocktail Margharita

3 cl Tequila	Alle Zutaten, zusammen mit Eis, im Shaker
2 cl Triple sec	schütteln. Danach in eine Sektschale abseihen,
2 cl Zitronensaft	deren Rand mit einer Zitronenscheibe befeuchtet
	und in Salz einmal gedreht wurde. Mit einer
	Zitronenspirale garnieren.

Versöhnliches Kalbfleisch in Rotwein

750 g Kalbfleisch	
(Schulter oder Backe)	in Würfel schneiden.
1 Zwiebel	hacken und beides in
Öl	anbraten. Mit
1 EL Mehl	bestäuben und kurz mit
⅛ l Fleischbrühe	ankochen. Danach
150 g Champignons,	blättrig geschnitten, dazugeben, mit
Salz und Pfeffer	würzen. Am Schluß
0,2 l leichten Rotwein	aufgießen und das Fleisch eine Stunde lang bei
	kleiner Hitze darin dünsten.

Viele New Yorker und zugereiste Gäste halten das „DDL Foodshow" für das beste Restaurant mit italienischen Gerichten. Da Woody Allen ein Fan aller lateinischen Nudelsorten ist, kann man ihn hier von Zeit zu Zeit antreffen. Das Restaurant mit seinen opulenten Vorspeiseplatten auf ausufernder Theke liegt in der 440 Columbus Avenue (Tel.: 7 87-66 44), also in der Upper West Side auf der Seite zum Hudson River hin. Allen verspeist eine köstliche Muschelsuppe und seine Lieblingsnudeln: Fettucine oder Linguine. Danach knoblauchgetränkte Garnelen und zarte Piccata vom Kalb.

Köstliche Muschelsuppe (zuppa di vongole)

1 kg geschlossene Miesmuscheln	abbürsten und säubern.
1 große Zwiebel	vierteln,
100 g Möhren	und
100 g Stangensellerie	in große Stücke schneiden, alles zusammen mit den Muscheln in einen großen Topf geben. Mit
0,25 l Weißwein	und
0,25 l Wasser	auffüllen, mit
Salz	würzen. Ca. 10 Minuten im geschlossenen Topf kochen lassen, bis die Muscheln sich geöffnet haben. Von der Hitze nehmen und noch einmal 10 Minuten ziehen lassen. Die Muscheln abseihen, aus den Schalen nehmen und warm stellen.
250 g Kartoffeln	schälen und zusammen mit
1 Zwiebel	in Würfel schneiden, in einen Topf geben, mit
Salz und Pfeffer	würzen und mit
Muschelbrühe,	die durch Wasser auf ca. 1 Liter Flüssigkeit aufgestockt wurde, übergießen. So lange kochen lassen, bis die Kartoffeln zerfallen. Diese dann durch ein Sieb passieren und die sämige Masse in den Topf zurückgeben. Muschelfleisch dazugeben, ebenso
80 g zerpflückte Brunnenkresse.	Die Suppe zieht dann noch 6 Minuten, zum Schluß werden
100 g Crème fraiche	untergezogen. Heiß servieren!

Linguine con Pesto
(für 2 Personen)

2 Knoblauchzehen	und die Blätter von
1 Bund Basilikum	in einem Mörser zu einer Paste zerreiben.
40 g Pinienkerne	in kleinen Portionen ebenfalls zerreiben, mit
1½ EL Olivenöl	cremig verarbeiten und
80 g geriebenen Parmesan	unterrühren. Mit
Salz und Pfeffer	leicht würzen. Die cremige Konsistenz der Paste bei Bedarf mit
1–2 EL Nudelkochwasser	abstimmen.
250 g Linguine	in Salzwasser garen, in einer vorgewärmten Schüssel mit
20 g Butter	durchschwenken und den Pesto unterheben.

Riesengarnelen mit Knoblauch

750 g Riesengarnelen	entschalen und putzen.
3 Knoblauchzehen	und
1 kleine Zwiebel	hacken und in
1 TL Öl	und
30 g Butter	bei mittlerer Hitze andünsten, ohne daß sie Farbe annehmen. Die
Garnelen	dazugeben und 3 Minuten weiterdünsten. Den Inhalt von
ca. 125 g gehäuteten Tomaten (½ gr. Dose)	(ohne Saft) dazugeben, mit
Salz	würzen und zugedeckt einige Minuten schmoren.
2 Limonen	achteln und zum Beträufeln dazugeben.

Der Regisseur bestellt vom Manhattan Film Center am Central Park West aus einen Tisch fürs Abendessen

Zarte Piccata
(pro Person)

2–3 Kalbsmedaillons	
(aus dem Filet)	leicht klopfen, mit
Salz und Pfeffer	würzen und sehr dünn mit
1 Prise Mehl	bestäuben. In einer Mischung von
Butter und Olivenöl	bei mittlerer Hitze kurz anbraten, herausnehmen und warm stellen. Den Bratfond mit
einem Schuß Weißwein	loskochen und über das Fleisch geben. Mit ein paar Spritzern
Zitrone	würzen und mit
Weißbrot	servieren.

Ins „Palm" in die 237 Second Avenue (Tel.: 6 87-29 53) geht Woody Allen nur, wenn er einmal ein köstliches Riesensteak verdrücken will. Auch Hummer vom Grill ist hier überwältigend. Dieses Edelrestaurant wird von weiteren prominenten Stars besucht, die – im Gegensatz zum „Elaine's" – „under cover" schlemmen wollen. Woody Allen hat auch hier so etwas wie freien Eintritt – sofern er die horrenden Preise bezahlen kann. Aber es dürfte ihm keine Probleme bereiten, Riesensteaks oder einen verdammten Riesenlobster zu bezahlen.

Bezahlbares Riesensteak
(für 2 Personen)

2 Scheiben abgehangene	Am Fleisch das überflüssige Fett abschneiden, aber
Ochsenhochrippe.	wegen des Geschmacks einen dünnen Fettrand lassen. Die Ochsenrippenstücke mit
Salz und Pfeffer	einreiben. In
2 EL Öl und 30 g Butter	von beiden Seiten heiß anbraten. 6 Minuten von jeder Seite rosa, mit blutigem Kern, ca. 10 Minuten à la point. Während des Bratens ständig mit Bratenfett begießen. 2–3 Minuten vor dem Servieren ruhen lassen, einmal wenden, damit sich der Fleischsaft verteilt. Dazu neue Kartoffeln und Salat.

Lobster verdammt amerikanisch

(für 3 Personen)

3 Hummer von ca. 500 g	in Stücke schneiden. Den Schwanz abdrehen, das grüne Hummermark vom Rücken aus dem Körper nehmen und mit etwas weicher Butter vermischen. Die Stücke in einem Gemisch aus
3 EL Öl und 20 g Butter	zusammen mit
3 gehackten Zwiebeln	und
3 zerdrückten Knoblauchzehen	andünsten, bis sie sich röten.
5 gehackte Schalotten	beifügen, mit
1 Schuß Cognac	flambieren und mit
0,3 l Weißwein	ablöschen.
8 große, geviertelte Tomaten	sowie
1 Kräuterbündel	und
1 EL Estragon	
0,5 l Fischfond (Fertigprodukt)	
Salz und Pfeffer	dazugeben. Das Ganze zugedeckt ungefähr 20 Minuten köcheln lassen. Stücke dann herausnehmen und anrichten. Den Fond einkochen, mit dem Butter-Mark-Gemisch binden, passieren. Die Soße über die Hummerstücke gießen, mit
frisch gezupftem Estragon	bestreuen.

Auch wieder am Central Park, diesmal an der Südseite, befindet sich „Trader Vic's". Hier im Keller des Plaza Hotels, an der Ecke 5th Avenue und 59th Street (Tel: 3 55-51 85), bekommt man die besten Drinks und Cocktails weit und breit. Für Woody Allen ein Grund, eben mal vorbeizuschauen – man weiß ja nie, wer sonst noch alles vorbeikriecht. Vielleicht findet er hier ein neues Gesicht für seinen nächsten Film, in dem natürlich sonst wieder die bekannten Gesichter zu sehen sein werden. Woody nippt pro Abend nur an einem Cocktail, aber da er öfter herkommt, liest sich die Liste seiner Lieblingsdrinks wie ein „Who is Who" der scharfen Säfte:
Gin Gimlet, Wodka-Stinger, Cuba libre, Alexandra mit Schuß.

Gin Gimlet

1 kl. Schaufel
gestoßenes Eis,
3 cl Lime Juice,
5 cl Gin,
1 Spritzer Cointreau

Das Eis in ein Barglas geben, die Zutaten dazugeben. Mit dem Barlöffel umrühren. Vor dem
Servieren in der eisgekühlten Cocktailschale mit
dem Cointreau abspritzen.

Wodka Stinger

⅔ Wodka,
⅓ Pfefferminzlikör,
1 Spritzer Wermut.

Wodka und Pfefferminzlikör im Shaker mit Eis gut
schütteln und nach Geschmack zum Schluß einen
Spritzer Wermut dazugeben.

Cuba libre

3–4 Eiswürfel,
5 cl weißer Rum,
Coca-Cola,
¼ Limette.

Eis in ein Longdrinkglas geben. Rum und Cola
dazu. Die geviertelte Limette darüber ausdrücken
und gut umrühren.

Alexandra mit Schuß

⅓ Crème de Cacao,
⅓ süße Sahne,
⅓ Cognac,
1 Eiswürfel,
1 Schuß Champagner.

Die angegebenen Zutaten im Elektromixer gut
vermischen, den Schuß Champagner zum Schluß
dazugeben. Im Cocktailglas servieren.

Jeden Montag spielt Woody Allen mit dem „New Orleans Funeral and Ragtime
Orchestra" in „Michael's Pub", 211 East 55th Street (Tel.: 7 58-22 72)

Mehr oder weniger begonnen hat Woody Allens große Filmkarriere im „Russian Tea Room". Hier, in der 150 West 57th Street (Tel.: 2 65-09 47) trifft man ihn immer wieder einmal, oft schaut er nur kurz herein, auf der Suche nach seinem Agenten oder Mitarbeiter, denn die Filmszene und auch die Theaterszene trifft sich im „Room", mitten im Theatre District. Allen bevorzugt hier das wahrscheinlich beste Gericht: Blinis mit Kaviar. Dazu dürfte er Dom Perignon schlürfen. Aber es gibt auch andere Spezialitäten der russischen Küche für eilige New Yorker Stadtneurotiker, die hier nicht fehlen dürfen. Eine kleine Auswahl: Borschtsch, Piroggen, Hühnchen Kiew. So bereitet man diese zu:

Beste Blinis
(für 12 Personen)

800 g Kartoffeln	schälen und mit einer Raspel halb grob, halb fein in eine Schüssel reiben.
250 g Zwiebeln	schälen und ebenfalls fein hineinreiben, dazu
3 Eier	hineinschlagen und mit
Salz und Pfeffer	abschmecken. Alles gut vermischen. In einer Pfanne erhitzen und darin 24 Blinis goldgelb backen. Die Blinis auf ein Küchentuch legen und auf jedes
5 g Kaviar*	geben. Auf warmen Tellern anrichten. Dazu in einer getrennten Sauciere
200 g Crème fraiche	reichen.

*Der teure Störkaviar kann durch preiswerten allerdings auch nicht so schmackhaften Lachs- oder Forellenkaviar ersetzt werden.

Borschtsch Suppe

2 l Knochenbrühe	durchseihen, darin
500 g Hammelfleisch,	
1 kleinen Weißkohlkopf,	
1 Stange Lauch,	
1 gelbe Rübe,	
1 rote Rübe,	
1 Stück Sellerie,	
eine Handvoll	
grüne Bohnen	in Stücke schneiden und dazugeben. Mit
Salz, Pfeffer,	
gestoßenem Kümmel	und
2 Lorbeerblättern	würzen und bei kleinem Feuer etwa eine Drei-viertelstunde kochen lassen. Zwanzig Minuten vor Garzeit gibt man
250 g gewürfelte	
Kartoffeln	dazu. Vor dem Anrichten
1 Tasse saure Sahne,	
1 Tasse Rote-Rüben-Saft	dazugeben.

Russisch-jüdische Piroggen

Für den Teig
500 g Mehl, 1 Ei,
60 g Butter   mit genügend Wasser oder Milch vermischen. Diesen Teig dünn ausrollen und mit einem Glas Kreise ausstechen.

Für die Füllung*
150 g Schafskäse,
1 hellbraun geröstete
Zwiebel,
Pfeffer und Salz   zu einer Masse pürieren, damit die ausgestochenen Formen füllen und die Tasche zusammenklappen, Ende fest zusammendrücken. In ausreichend

Salzwasser   eine gute Viertelstunde lang gar kochen oder in der Backröhre bei 200 Grad ausbacken.

*Jede russische Hausfrau besitzt ihr Spezialrezept für Füllungen.

Heißes Hühnchen Kiew
(pro Person)

1 Hühnchenbrust   mit einem scharfen Messer seitlich so tief einschneiden, daß eine Tasche entsteht. Die Tasche mit

1 EL kleingehackter
Petersilie   sowie
Salz und Pfeffer   würzen. Danach ein walnußgroßes
Stück eisgekühlte Butter einlegen und die Tasche mit ein oder zwei Zahnstochern verschließen. Die Hühnchenbrust auch von außen mit

Salz und Pfeffer   würzen und in
Gänseschmalz   goldbraun braten.

Als Beilagen empfehlen sich Salzkartoffeln oder Kartoffelpüree und frisches Gemüse der Saison. Ein doppelter Wodka sollte wegen der Fettverdauung in Reichweite sein. Achtung beim Essen – die heiße Butter kann spritzen!

Ein paar Schritte weiter in Midtown Manhattan, gleich um die Ecke bei „Carnegie Delicatessen" in der 854 Seventh Avenue (Tel.: 7 57–22 45), gibt es koschere jüdische Gerichte. Und die besten Sandwiches der Stadt. Beispielsweise das „Broadway Danny Rose Sandwich". Der Regisseur Woody Allen beginnt damit seinen Film *Broadway Danny Rose* und erzählt dann die Story des liebenswerten jüdischen Agenten Danny vom Broadway, der nur Künstler unter Vertrag hat, die nicht gefragt sind: blinde Xylophonisten, einbeinige Steptänzer, puertoricanische Bauchredner mit Sprachfehler, Luftballon-Falter, oder Hypnose-Zauberer, die ihre Opfer nicht mehr aus der Hypnose zurückholen können. In den Delikatessenläden wie dem „Carnegie" duftet es nach Pastrami, Koriander, Zimt und Nelken, Roastbeef, gewürztes Geflügel, Corned Beef und Dill. Die schönsten Speisen der „Deli's", die Woody Allen niemals verschmäht, selbst wenn ihm in der Nacht der Sinn des Lebens abhanden kam, folgen, und so kann man sie zubereiten:

Unwiderstehliche Burekas

1 Päckchen Blätterteig (tiefgefrorenes Fertigprodukt)	dünn ausrollen und in Vierecke schneiden. Für die Füllung
300 g gehackte Rinderleber, 250 g gehackte Zwiebeln, 1 Ei, Salz und Pfeffer	vermischen, auf den Teig legen, diesen zu Dreiecken zusammenklappen, mit
2 Eigelb	bestreichen und im Backofen ausbacken.

Corned Beef und Röstkartoffeln

(pro Person)

Corned Beef	
(aus einer kleinen Dose)	im Topf mit
Butter	bei kleiner Hitze anbraten. Mit
Salz, Pfeffer	und
Rosmarinpulver	würzen. Nach Geschmack
grüne Erbsen	dazugeben. Darauf achten, daß das Corned Beef nicht anbrennt. Heiß servieren.

Dazu Röstkartoffeln, für deren Zubereitung sicher jeder seine besonderen Vorlieben und Fertigkeiten besitzt.

Roastbeef

(für 6 Personen)

1 kg Roastbeef	von Haut und Sehnen befreien, waschen und klopfen. Mit
Salz und Pfeffer	würzen und etwas
zerlassener Butter	bepinseln. Das Fleisch auf den mit Öl bepinselten Rost legen und nahe an die Oberhitze schieben, die Fettpfanne darunter stellen. Bei starker Hitze braten, bis die Oberseite braun ist, dann wenden und die andere Seite braten. Etwas heißes Wasser in die Fettpfanne geben. Das Fleisch nach dem Anbraten im Backofen heruntersetzen und bei mäßiger Hitze eine gute halbe Stunde lang weiterbraten, es soll außen braun und innen rosa sein. Den Bratensaft mit
Fleischbrühe	loskochen, über feine Scheiben des Roastbeefs geben.

Als Beilage empfiehlt sich junges Saisongemüse und Pommes frites oder Bratkartoffeln, dazu Sahne-Meerrettich.

Würziges Hammelragout

600 g Hammelfleisch	von Haut oder Fett befreien und in Portionsstücke
(Brust oder Bug)	schneiden, mit
Knoblauch,	
Salz und Pfeffer	einreiben, danach die Fleischbrühe in
Mehl	wenden.
150 g Speck	kleinwürfeln, zusammen mit
2 gehackten	
Knoblauchzehen,	
2 gehackten Zwiebeln	andünsten. Die in Mehl gewendeten Fleischstücke
	dazugeben, von allen Seiten anbraten. Mit
¼ Rotwein,	
¼ l Fleischbrühe	aufgießen.
Thymian,	
Rosmarin	
(nach Geschmack),	
1 TL Johannisbeergelee	dazugeben. Zugedeckt bei kleinem Feuer etwa 1½
	Stunden schmoren. Vor dem Anrichten die Gewürze herausnehmen und die Soße mit
1 Butterkugel	binden.

Geflügelgulasch

2 EL Geflügelfett	in einem Topf auslassen, darin
500 g gehackte Zwiebeln	andünsten und mit
Salz, Pfeffer, Paprika	würzen.
2 gehackte	
Knoblauchzehen	dazugeben.
1 kg Geflügelinnereien	
(Herz, Magen, Leber)	in Stücke schneiden und darauflegen, nochmals
	nachwürzen.
2 Tassen Fleischbrühe	aufgießen, zudecken und aufkochen lassen, danach
	auf kleiner Flamme garen. Die Soße mit
1 Prise Mehl	binden.

Dazu Kartoffelknödel, Salzkartoffeln oder Weiße Bohnen servieren.

Mitten in Greenwich Village, in der 18 West 18th Street, befindet sich das „Cafe Seyoken" (Tel.: 620-9010). Es bietet internationale Küche, vor allem aber eine japanische Sushi-Theke, auf der hervorragende rohe Fischgerichte frisch und zum Ergötzen der Gäste zubereitet werden. Hier kann man, wenn man Glück hat, Woody Allen auch mal mittags sehen, nachdem er einen langen Spaziergang gemacht hat. Oder er fährt mit dem eigenen Wagen vor – daß er keinen Führerschein besitzt ist Legende der Filmfiguren Woody Allens. Die bevorzugten köstlichen Happen im „Seyoken", Fisch oder Fleisch, werden sämtlich auf „Sushi" angerichtet.

Sushi

500 g Rundkornreis	in
½ l Wasser	aufkochen lassen und bei kleiner Hitze rund 15 Minuten garen. Danach von der Kochstelle nehmen und zugedeckt ein paar Minuten stehen lassen. Inzwischen
4 EL Reisessig,	
3 EL Zucker,	
2 TL Salz,	
2 EL Reiswein	gut vermischen, so daß sich der Zucker auflöst. Die entstandene würzig-süßsaure Sauce mit dem Reis vermischen und warm servieren.

Dies ist „Sushi", also Reis mit Essig und Zucker. Damit beginnt das traditionelle Gericht der japanischen Küche. Die Variationen mit Sushi sind Legion. Am bekanntesten ist wahrscheinlich die mit rohem Fisch, aber auch die mit Gemüsescheiben, fritiertem Tofu, mit Pilzen, Rindfleisch usw. Viele asiatische Lebensmittelläden verkaufen inszwischen fertig geschnittenen rohen Fisch oder sogar fertig zubereitetes Sushi.

Ein paar Straßen weiter liegt eine scharfgewürzte Kneipe. Das „Texarkana" in der 64 West 10th Street (Tel.: 254-5800) bietet wunderbares Essen aus dem nordamerikanischen Süden. Woody Allen trifft hier Richard Gere und plaudert mit diesem über den Dalai Lama – oder über Jambalaya und Gumbo.

Jambalaya*

2 Hähnchen	waschen, trockentupfen, mit
Salz, Pfeffer	und
edelsüßer Paprika	würzen und mit
4 EL Speiseöl	bestreichen. Das Geflügel auf dem Backblech in den auf 225 Grad vorgeheizten Backofen schieben und ca. 45 Minuten lang braten. Dabei immer wieder mit Öl bestreichen.
250 g Reis	in etwa
½ l Salzwasser	20 Minuten lang garen und abtropfen lassen. Währenddessen
2 rote Paprikaschoten	waschen und würfeln.
2 Schalotten	abziehen und feinhacken,
100 g rohen Schinken	kleinschneiden. Das Fleisch vom Knochen der Hähnchen ablösen,
80 g Butter	zerlassen, alle Zutaten darin andünsten, mit
Salz und Pfeffer	würzen. Mit Salatblättern oder Feldsalat garnieren, oder getrennt einen frischen Salat reichen.

*Das Wort Jambalaya kommt vermutlich vom französischen „jambon" oder den spanischen „jamon" – beide Kulturen und Küchenkulturen haben großen Einfluß auf die Küche des nordamerikanischen Südens gehabt, vor allem auf die Cajun-Küche. Jambalaya-Gerichte gibt es viele. Ein schmackhaftes mit Meeresfrüchten wird folgendermaßen zubereitet:

Jambalaya mit Meeresfrüchten

(für 6 Personen)

2 EL Pflanzenöl	im Schmortopf erhitzen, darin
1 gehackte	
Zwiebel,	
1 gehackte	
grüne Paprika,	
2 Stangen gehackte	
Bleichsellerie,	
3 feingehackte	
Knoblauchzehen	etwa 5 Minuten lang weichgaren.
3 entkernte und	
gehackte Tomaten,	
250 ml Tomatensauce	
aus der Dose,	
250 ml Fischfond,	
50 g frischgehackte	
Petersilie,	
2 Lorbeerblätter,	
1 EL frischer Thymian,	
1 TL Salz,	
1 Prise schwarzer Pfeffer,	
½ TL Cayennepfeffer,	
1 Msp. weißer Pfeffer	hinzufügen und köcheln lassen, bis die Tomaten zerkocht sind. Die Flüssigkeit etwas einkochen lassen.
900 g Meeresfrüchte	
(Krebsfleisch, Scampis,	
Garnelen, Muschelfleisch	
in beliebiger Auswahl)	sowie
3 feingehackte	
Sardellenfilets	dazugeben und solange köcheln lassen, bis die Scampis gar sind (ca. 6 Minuten).
100 g gehackte	
Frühlingszwiebeln	unterrühren. Das Ganze auf
500 g gegarten Reis	(der auch in der Jambalaya-Brühe gegart sein kann, was die Flüssigkeit besser reguliert) anrichten und heiß servieren.

Ein anderes beliebtes Gericht des Südens – vor allem in Louisiana – ist der „Gumbo", eine Art Pfanneneintopf auf der Basis von gegartem Reis, der ebenfalls spanisch-französisch beeinflußt ist.

Hühner-Gumbo

(für 6 Personen)

3 EL Mehl,
1 TL schwarzer Pfeffer,
¼ TL Cayennepfeffer,
1 TL Paprika,
½ TL Zwiebelpulver
1 TL Knoblauchpulver,
1 TL Salz   zusammen in einer Schüssel vermengen. Darin
6 Hühnerbrustfilets
(enthäutet und gewürfelt) wenden. In einer großen Pfanne
4 EL Sonnenblumenöl   erhitzen, das Hühnerfleisch darin anbraten und warm stellen.
100 g Mehl   in
225 g Schweineschmalz   anbräunen, die Einbrenne vom Herd nehmen und
400 g gehackte Zwiebeln,
2 gehackte Paprikas,
3 Stangen gehackte
Bleichsellerie   hinzufügen und durchrühren. Zurück auf die Hitze stellen und das Gemüse ca. 5 Minuten lang garen. Nach und nach
1,75 l Geflügelfond (ver-   unterrühren, aufkochen lassen, das angebratene
dünntes Fertigprodukt)   Hühnerfleisch sowie
2 feingehackte
Knoblauchzehen   und
350 g gewürfelte An-
douille (scharfgeräu-
cherte Schweinswurst)   hinzugeben, bei kleinerer Hitze 1 Stunde lang einköcheln lassen, wobei immer wieder Fett an der Oberfläche abgeschöpft wird. Den Gumbo auf
350 g gegartem Reis   servieren (der im Sud mitgegart werden kann).

Noch schärfer geht es vier Straßen weiter nach Süden zu, nämlich im „El Coyote" am Broadway Nr. 744 (Tel.: 6 77-42 91). Die Pfeffersauce läßt Woody Allen hier weinen, obwohl er vor Freude jubeln möchte, denn die mexikanischen Gerichte sind erste Klasse und vor allem lassen sie sich wunderbar durch Tequila ergänzen, der die Frage vertreibt, ob es ein Leben nach dem Tod gibt, und ob sie dort einen Zwanziger wechseln können. Hier dürfte Woody Allen der folgenden typisch mexikanischen Suppe – und allen anderen schmackhaften Gerichten, die das Lokal eventuell bietet – nicht widerstehen können:

Vorher einen Tequila – und nach dem Essen am besten gleich noch einen. Man trinkt ihn so:

Auf den Handrücken Salz streuen, dieses ablecken, den Tequila hinunterstürzen und anschließend in ein Stück Limone beißen. So schmeckt er am besten – man könnte auch sagen: So merkt man von seinem eigentümlichen Geschmack am wenigsten. Etwas ganz Besonderes ist „Tequila Sunrise".

Tequila Sunrise

1½ Teile Tequila	und
6 Teile Orangensaft	werden vermischt und in ein Glas geseiht. Danach
½ Anteil Grenadine-Sirup	langsam zugeben und zwar so tief wie möglich unter die Cocktailoberfläche (wegen des Sonnenaufgangs…).

Mit Diane Keaton beim Nachtisch in *Machs noch einmal, Sam*

Schwarze Bohnensuppe
(für 6 Personen)

225 g schwarze Bohnen	waschen, aber nicht einweichen. In
2 l Salzwasser	fast weichkochen.
4 EL Schmalz	in einer Pfanne zerlassen, darin:
2 gehackte Zwiebeln,	
3 feingehackte	
Knoblauchzehen	anbräunen, mit
½ TL rotem Chilipulver	bestreuen.
1 gehackte und	
gehäutete Tomate	dazugeben und eine Minute lang auf der Hitze lassen. Die Mischung zu den Bohnen geben und mit
¼ TL Oregano	würzen, mit
1 Prise Salz	abschmecken und im geschlossenen Topf köcheln lassen, bis die Bohnen weich sind. Kurz vor dem Servieren
75 ml Fino	
(trockenen Sherry)	unterrühren.

Es versteht sich von selbst, daß Woody Allen seinen Rundgang durch das geliebte Manhattan nicht an einem Tag bewältigt. Er kann sich Zeit lassen, denn woanders als hier speist er sowieso nie. Da er aber selten zuhause kocht und Partys beziehungsweise „lockere" gesellige Abende wie die Pest meidet, trifft man ihn auf der Restaurant-Route garantiert irgendwann einmal. Früher oder später wird er hereinkommen und sagen: „Fettucine und Linguine sind keine Rigatoni." Oder: „Vorspeisen haben das Recht auf umfassenden Schutz durch den ersten Satz der Menschenrechte." Oder: „Die Preise hier sind vernünftig, ohne historisch unvermeidbar zu sein." Und dann geht das Schlemmen auch schon los – vielleicht bei „Elaine's" in der Upper East Side von Manhattan (siehe oben).

AUS WOODY ALLENS FILMEN

Der Wissenschaftler als Koch
VERBRECHEN UND ANDERE KLEINIGKEITEN

Der Wissenschaftler Judah Rosenthal wird in einem Festbankett geehrt. Der Festredner streicht seine fachlichen Qualitäten heraus, besonderes Format bekommt der Geehrte jedoch erst durch eine andere Fähigkeit:

FESTREDNER: „...Man kann Judah auch anrufen, wie ich das mal gemacht habe, um zu erfahren, wie man Grillsteaks am besten mariniert."

Mariniertes Steak
(für 2 Personen)

2 Filetsteaks	in einer Marinade aus
4 EL Olivenöl,	
1 zerdrückten	
Knoblauchzehe,	
4 TL Zitronensaft	1–2 Tage durchziehen lassen. Danach abtropfen, mit
Salz und Pfeffer	würzen und auf einem sehr heißen Grill nicht ganz durchbraten. Dazu paßt ein helles Bier.

„Wer hatte Chili?"
BANANAS

Fielding Mellish, vertrottelter Produktetester, verknallt sich in eine attraktive Soziologin, die gegen eine Militärdiktatur kämpft. Um seiner Angehimmelten zu gefallen, greift Mellish auf Seiten der Rebellen in den Kampf um San Marcos ein.

Eines Tages wird er vom Diktator Vargas höchstpersönlich zum Diner eingeladen – er weiß noch nicht, daß er das Essen selbst bezahlen muß.

Nach dem Essen:

FIELDING: *„Das Essen war ausgezeichnet!"*

KELLNER: *„Danke, Sir."* (Er überreicht ihm die Gesamtrechnung.)

FIELDING (nur leicht geschockt): *„Äh... Wer hatte Roastbeef?"*

VARGAS: *„Das hatte ich!"*

FIELDING: *„Zwölf Dollar und sechzig. Wer hatte Corned Beef und Röstkartoffeln?"*

GENERAL: *„Das war ich."*

FIELDING: *„Aha, aha. Irgendwas stimmt hier nicht. Hier stehen doch zwei Roastbeefs. Was hatten Sie gegessen?"*

2. GENERAL: *„Chili con carne."*

FIELDING: *„Chili con carne... Aber hier stehen doch zwei Roastbeefs."*

VARGAS: *„Aber ich habe nur ein Roastbeef bestellt."*

FIELDING: *„Ja, aber hier ist einmal Chili und zweimal Roastbeef..."*

VARGAS: *„Also wer hatte Chili?"*

2. GENERAL: *„Chili con carne, ja ich."*

FIELDING: *„Vielleicht haben Sie das auch selbst gegessen... Äh, sind Sie im Diner's Club?"*

VARGAS: *„Haben Sie auch Bank of America?"*

FIELDING: *„Äh... ja."*

VARGAS: *„Das ist besser."*

FIELDING: *„Hier."*

VARGAS: *„So, und nun lassen Sie uns im Salon noch'n Brandy nehmen."*

Chili con carne

4 Zwiebeln	und
2 Knoblauchzehen	kleinhacken, in
3 EL Butter	glasig dünsten,
1 kg Hackfleisch	vom Rind dazugeben und unter ständigem Rühren braun anbraten.
Gehäutete Tomaten (gr. Dose, 850 ml)	mit
etwas Wasser	hinzufügen, ebenso
Salz und Pfeffer	und
1 Lorbeerblatt	ca. 10 Minuten kochen lassen.
2 Dosen weiße Bohnen*	und
3 EL Chili-Gewürz**	dazugeben und alles ca. 1 Stunde auf kleiner Flamme kochen, bis die Flüssigkeit verdampft ist. Das Gericht kann mehrmals aufgekocht werden, ohne an Geschmack zu verlieren. Dazu Cracker und kühles Bier reichen.

*Besser als weiße Dosenbohnen sind rote und schwarze Bohnen, die dann jedoch über Nacht ein-geweicht werden müssen.

**Das Chili-Gewürz sollte je nach Geschmack dosiert werden, es muß aber unbedingt dezent scharf und nach Koriander schmecken.

„Also gehn wir jetzt das Essen verdauen!"
DER STADTNEUROTIKER

Der Komiker Alvy Singer hat die leicht neurotische Anni Hall kennengelernt.
Mit ihr erlebt er erst die schönste Zeit seines Lebens und danach die normalen
Beziehungskatastrophen nordamerikanischer Großstadt-Intellektueller.
Eines Abends, noch am Beginn der Beziehung, gehen beide durch Manhattan.

ALVY: „So, jetzt hör'n Sie mir mal zu. Ähh... gib mir'n Kuß."
ANNIE: „Jetzt?"
ALVIE: „Ja. Wir gehn später doch zusammen nach Hause, nicht?"
ANNIE: „Ja."
ALVY: „Und wenn wir uns jetzt küssen, bauen wir gleich die Spannung
zwischen uns ab. Wer weiß, ob ich gleich den richtigen Dreh kriege.
Wenn wir uns jetzt küssen, haben wir das schon hinter uns und können in
Ruhe essen. Dann verdauen wir das Essen auch besser."
ANNIE: „Okay!" (Sie küssen sich lange)
ALVY: „Okay? Also gehn wir jetzt das Essen verdauen."
ANNIE: „Du meinst, das klappt?"
ALVY: „Selbstredend!"
(Im Restaurant) *ALVY: „Ich nehm' Pökelfleisch."*
ANNIE: „Und ich möchte Wiener Schnitzel auf Weißbrot, mit Tomaten und
Mayonnaise und Selleriesalat."

Wiener Schnitzel auf Weißbrot mit Tomaten und Mayonnaise

(pro Person)

1 Schnitzel vom Kalb	
(ca. 160 g)	flachklopfen, mit
Salz und Pfeffer	würzen, panieren und in
20–40 g Butter	braten.
2 Scheiben Weißbrot	kurz antoasten, innen mit
Mayonnaise,	je nach Geschmack, bestreichen, das Schnitzel dazwischenlegen, die Scheiben von
½ Tomate	auf das Schnitzel legen.

Selleriesalat

(für 2 Personen)

200 g Sellerieknolle	schälen und feinraspeln. Mit je
1 Prise Salz,	
Zucker	und
Zitronensaft	abschmecken. Diese Sellerieraspel kann man je nach Geschmack mit
2 EL Mayonnaise	binden.

„Und nichts zu trinken?"
STARDUST MEMORIES

Der Filmregisseur Sandy Bates wird ins Seehotel „Stardust" zu einem Film-kunst-Wochenende eingeladen. Dabei erlebt Bates reale und irreale Träume und Kinoträume. Vor allem erinnert er sich an Dorrie, mit der er eine schöne Zeit verbrachte.
In der folgenden Rückblende trafen sich beide in Sandys Appartement in New York.

DORRIE: *„Hmm, du riechst gut."*
SANDY: *„Ja?"*
DORRIE: *„Dein Rasierwasser, es holt meine ganze Kindheit in einem jähen Proustschen Erinnerungsansturm zurück."*
SANDY: *„Das ist mein Fragrance Proustienne von Chanel. Man bekommt's jetzt als Sonderangebot günstiger. Ich hab's eimerweise eingekauft."*
DORRIE: *„Hm, soll ich nicht schnell mal runterlaufen, uns was zu essen besorgen, und wir bleiben heute abend zu Hause, und ich koch' uns was?"*
SANDY: *„Ja also, als du das letzte mal was gekocht hast, sah die Küche anschließend wie Hiroshima aus."*
DORRIE: *„Ja, das war lustig. Ich könnte Filet de boeuf fourré à la périgourdine nach dem Rezept meiner Mutter machen, dazu könnte ich Sweet Potatoes in Rum..."*
SANDY: *„Was? Und nichts zu trinken?"* (Sie küssen sich).

Filet de boeuf (fourré) à la périgourdine*

(für 2 Personen)

16 entsteinte	
Backpflaumen	ca. 3 Stunden in
⅛ l Madeira**	einweichen, dann kurz aufkochen und danach
abkühlen lassen.	
150 g Gänseleberpastete	mit
2 EL süßer Sahne	verrühren und anschließend in einen Spritzbeutel geben. Die Backpflaumen seitlich aufschneiden, mit der entstandenen Masse füllen, wieder schließen und kühl lagern.
4 kleine, dicke Filetsteaks	(je 100 g) mit je
1 Streifen fettem Speck	binden, je 4 Minuten von beiden Seiten in
1 EL Öl	und
1 EL Butter	anbraten, nach dem Wenden mit
Salz und Pfeffer	würzen und das Fleisch warm stellen. Den Saft aus
1 kl. Dose Trüffel	mit
4 EL Fleischbrühe	und
⅛ l süße Sahne	einkochen lassen,
1 Trüffel (ca. 12 g)	hacken und
1 Schuß Madeira	dazugeben, zu einer dicklichen Sauce einkochen lassen. Die Filets auf einer heißen Platte anrichten, mit der Sauce übergießen und mit den Backpflaumen garnieren.***

*Die Zubereitung „à la périgourdine" bezieht sich immer auf die Verwendung von Trüffeln, deren Hauptgebiet der Périgord ist.

**Man kann statt Madeira auch Portwein nehmen.

***Das „fourré" im Rezept bezieht sich auf die Zubereitung im Backofen (frz. four). Die hier gewählte Zubereitung ist jedoch einfacher.

Sweet Potatoes

Süße Kartoffeln oder Bataten kommen ursprünglich von den malaiischen Inseln, werden heute jedoch auch in den USA, Asien und Afrika angebaut. Auch bei uns sind sie zunehmend erhältlich. Es gibt weiße, rote und gelbe Sorten, empfehlenswert als Beilage zum obigen Rezept sind die gelben. Sweet Potatoes werden wie normale Kartoffeln zubereitet, jedoch wird anstelle von Salz ein Schuß Rum in das Kochwasser gegeben.

Zuhause in seinem Appartement setzt die tölpelhafte Köchin jeden Abend den Herd in Brand. Und immer will sie Kaninchen braten.

SANDY: *„Wieviele Male habe ich Ihnen schon gesagt, kein Kaninchen?"*
KÖCHIN: *„Ich habe gedacht, Sie meinten nur das eine Mal."*
SANDY: *„Nicht, nein… nie. Nie will ich Kaninchen. Ich esse keine Nagetiere."*
KÖCHIN: *„Schon gut. Ich habs verstanden."*
SANDY: *„Verstehn Sie das? Die mit dem Fell. Nie Kaninchen."*

Ein schmackhaftes italienisches Rezept für Kaninchen wäre das folgende:

Kaninchen ohne Fell – mit Rosmarin, Olivenöl, Knoblauch
(für 3 bis 4 Personen)

1 ausgenommenes *Kaninchen* *(ca. 1,5 kg)*	in 6 Stücke schneiden, waschen, abtrocknen, dabei eventuelle Knochensplitter sorgfältig entfernen.
6 EL Olivenöl, *Saft von 1 Zitrone* *1 EL Weinessig*	und zu einer Vinaigrette, einer würzigen, kalten Kräutersauce, rühren.

5 Salbeiblätter	und
1 Rosmarinzweiglein	kleinhacken,
2 Knoblauchzehen	schälen und zusammen mit
10 Wacholderbeeren	zerdrücken. Mit
2 Lorbeerblättern	zusammen in die Marinade geben. Die Kaninchen-teile darin, mindestens drei Stunden, unter mehr-maligem Wenden, marinieren. Danach das Fleisch herausnehmen, abtropfen lassen, beidseitig braun anbraten und mit der Marinade ablöschen. In eine Kasserolle geben, diese mit einem Deckel gut verschließen, in den auf 180 Grad vorgeheizten Backofen stellen und 45 Minuten lang schmoren lassen.
0,15 l gehaltvollen Rotwein	aufgießen. Im offenen Topf bei mittlerer Hitze so lange kochen lassen, bis das leicht gebräunte Fleisch in nur noch ganz wenig Flüssigkeit liegt.

Als Beilage empfiehlt sich Polenta.

Polenta

200 g Maisgrieß	in
0,5 l kochendes Salzwasser	streuen und unter Rühren zu einem dicken Brei kochen.* Auf einem Brett glattstreichen (etwa 1 cm dick). Rauten und Vierecke ausschneiden und in
2 EL Butter	und
1 EL Öl	ausbacken.

*Dies ist die einfache Variante, Polenta kann z. B. durch Zugabe von Parmesan oder anderen Käse-sorten verfeinert werden.

Enorme Begabung für Leckereien
HANNAH UND IHRE SCHWESTERN

16 Episoden aus New York und über die Leute dieser Metropole, zwischen Trut-
hahnessen zum Thanksgiving Day und dem Herbst des Lebens. Vor allem jedoch die Story von drei Schwestern und ihren Männern und Freunden. Holly,
eine der Schwestern und ihre Freundin April sind Schauspielerinnen, aber ohne
Engagement. Deshalb beschließen sie eines Tages, einen Partyservice zu eröff-
nen.
In der folgenden Szene lernen sie den erfolgreichen Architekten David kennen,
für den sie sich danach beide interessieren werden.

APRIL: „Stroganoff ist fertig!"
HOLLY: „Wir sind ein voller Erfolg!"
APRIL (trägt eine Platte mit Boeuf Stroganoff): *„Naja, was das hier angeht,*
sind wir ein voller Erfolg. Gestern habe ich vorgesprochen... da war ich
kein so großer Erfolg."
HOLLY: „Wirst du noch, wirst du noch. Nächste Woche kriegst du gleich fünf
Engagements auf einmal!"
DAVID (kommt kauend in die Küche): *„Entschuldigen Sie, sind noch Muschel-*
happen da?"
HOLLY: „Nur noch ein paar, mögen Sie die?"
DAVID: „Ich kann einfach nicht widerstehen."
HOLLY: „Ehrlich? Wie schmeichelhaft! Haben Sie auch schon die Krabben-
pastetchen probiert?"
DAVID: „Hört mal Mädels, ihr seid viel zu hübsch für einen Partyservice. Da
stimmt doch was nicht!"
HOLLY: „Wir sind Schauspielerinnen."
DAVID: „Ist das euer erster Auftrag?"
HOLLY (nimmt eine Quiche aus einem Regal): *„Ach... ist das Essen denn so*
schlecht?"
DAVID: „Oh nein. Ganz und gar nicht!"
APRIL: „Wir brauchen noch Brot... und ein bißchen überbackene Lasagne!...
(zu David) *...Hallo!"*
DAVID: „Ich weiß, Sie sind Schauspielerinnen. Mit einer enormen Begabung
für Krabbenpastetchen."

APRIL: „Nein, die Krabbenpastetchen sind von Holly. Ich mache die Crêpes caviar."

DAVID: „Und die Wachtel ist für die Wachteleier zuständig."

APRIL: „Tja, wollen wir's hoffen."

HOLLY: „Hier, ich hab' ein paar Muschelhappen für Sie abgestaubt!"

DAVID: „Aaah!"

Muschelhappen
(1 Happen pro Person als Vorspeise)

10 Jakobsmuscheln	öffnen – sofern man keine tiefgefrorenen verwendet –, das Fleisch herausnehmen, die schwarzen Teile entfernen. In Scheiben schneiden, am einfachsten mit einer scharfen Küchenschere. Die Scheiben mit dünnen Streifen von
ca. 150 g Räucherspeck	umwickeln.
10 große Champignons	kurz mit heißem Wasser abbrühen, halbieren; jeweils eine Muschelscheibe und zwei halbe Pilze auf einen Spieß stecken, mit
Salz und Pfeffer	würzen und in
Butter	von allen Seiten goldbraun anbraten.

Krabbenpastetchen
(für 12 Personen)

Marinade
0,5 l Weißwein	und
1 EL Cognac	sowie
1 TL Öl	mit
1 gehackten Zwiebel,	
1 Bund gehackter Petersilie	und
1 kleingehackten Knoblauchzehe	vermischen. Diese Marinade über
500 g geschälte Krabben	gießen und in den Kühlschrank stellen. Die Farce bereiten, indem man
500 g Fischfilet	ohne Haut und Gräten garkocht*, dann zerdrückt und zusammen mit
250 g Weißbrot,	das in Milch zerdrückt wurde, vermischt. Wer Angst vor Gräten hat, kann die Masse danach noch einmal durch ein Sieb passieren.
4 EL gehackte Schalotten,	
1 EL gehackte Petersilienblätter,	
1 TL Kerbelblätter,	
1 gehackte Knoblauchzehe	zusammen in heißer
Butter	andünsten und zum Fisch geben. Nach und nach
2 verquirlte Eier,	die abgeriebene
Schale von ½ Zitrone (unbehandelt),	
1 g geriebenen Muskat,	
Salz und Pfeffer	dazugeben. Am Schluß
0,25 l süße Sahne	untermischen. Nach ca. 4 Stunden die Krabben aus der Marinade nehmen und abtrocknen.
2 EL gehackte Schalotten,	
1 Bund gehackte Petersilie	und
250 g gehackte Champignons	zusammen mit den Krabben in

heißer Butter | mehrmals wenden, ca. 7 Minuten dünsten, Krabben auf einen Teller legen und den restlichen Pfanneninhalt über die Farce gießen. Farce und Krabben in Pastetchenformen, die fertig (tiefgekühlt) im Supermarkt gekauft werden, einfüllen. Immer eine Schicht Farce, danach Krabben, zuoberst wieder Farce – und vollständig abkühlen lassen. Kalt servieren.

*Geschmacksintensiver ist es, den Fisch mit einem Mixer zu pürieren.

Crêpes caviar
(für 12 Stück)

125 g Mehl,	
2 Eier,	
¼ l Wasser,	und
⅛ l Milch,	zu einem geschmeidigen Teig verrühren, mit
Salz	würzen und stehenlassen.
⅛ l süße Sahne	mit
1 Prise Salz	und
2 EL Zitronensaft	steif schlagen.
Etwas Butter	in einer Pfanne erhitzen und etwa 12 dünne Crêpes ausbacken; warm stellen.
Je 1 EL Zitronensahne	und
etwas Kaviar	in die Mitte jeder Crêpes geben und mit
Dillspitzen	bestreuen. Die Crêpes zusammenklappen und sehr warm servieren.

Boeuf Stroganoff

½ kg Kartoffeln	schälen und in Würfel schneiden.
2 Zwiebeln	kleinhacken.
500 g Filetspitzen	
vom Rind,	also das dünne Ende des Rinderfilets, in 2 cm große Würfel schneiden.
Die Kartoffelwürfel	mit
Salz	würzen und in
4 EL brauner Butter	unter ständigem Umrühren bei mittlerer Hitze von allen Seiten anbraten und bei milder Hitze garen. Vom Feuer nehmen, zudecken; warm stellen. Die kleingehackten Zwiebeln in einer Pfanne in
Butter	goldgelb anbraten und anschließend mit
1 Tasse Fleischfond	aufkochen. Mit
Senf,	
dem Saft einer ½ Zitrone	und
Essig	abschmecken, die Sauce mit
saurer Sahne	sämig abrunden. Die Fleischwürfel in
Öl	scharf anbraten – sie sollen außen braun und innen noch leicht blutig sein. Die gut mit
Salz und Pfeffer	gewürzten Filetspitzen anschließend in die Sauce geben und, mit den Kartoffeln umlegt, heiß servieren.

Am Anfang und am Ende des Films ist jeweils Thanksgiving Day. Zu diesem Anlaß ist in den USA ein Truthahn obligatorisch. Hannah und ihre Schwestern bereiten diesen folgendermaßen zu:

Thanksgiving Day Truthahn
(für 1 glückliche Familie)

1 Truthahn (ca. 5 kg) *Mais- oder Sonnen-* *blumenöl (insgesamt*	mit
ca. 5 EL)	bestreichen, innen und außen mit Salz und Pfeffer würzen, in den Backofen schieben und bei ca. 230 Grad drei Stunden lang braten. Dabei mehrmals mit Öl bestreichen. Währenddessen:
4 kleine Tomaten	waschen und kreuzweise einstechen, mit Pfeffer würzen.
250 g Champignons	putzen und waschen,
4 Äpfel	entkernen und in Scheiben schneiden. Die Tomaten die letzten zehn Minuten Bratzeit lang mitgaren, dann den Puter herausnehmen und das Bratfett abgießen.
40 g Butter erhitzen,	die Apfelscheiben darin anbraten,
12 Spargelspitzen	dazugeben und erhitzen. Beides warm stellen. Champignons in der Butter andünsten,
1 EL gehackten Estragon	dazugeben, mit
¹/₁₀ trockenem Weißwein	ablöschen und
¹/₅ l Schlagsahne	angießen. Das Ganze einkochen lassen, mit
Salz und Pfeffer	abschmecken. Pilze, Tomaten, Äpfel und Spargel mit dem Truthahn zusammen anrichten.

Ein Gespräch über Gepökeltes
BROADWAY DANNY ROSE

In dem jüdischen Delikatessenrestaurant „Carnegie" in der Seventh Avenue sitzt abends eine Runde Komiker, Stimmenimitatoren und Entertainer zusammen, plaudert über alte Zeiten, Essen und Trinken und über Danny Rose. Der Künstleragent reißt sich für seine Klienten die Beine aus, aber wenn sie Erfolg haben, laufen sie ihm davon. Nachdem die Zecher ausgiebig die Story des kauzigen Danny erzählt haben, gedenkt einer der Gäste des „Danny Rose Special"-Sandwichs, das im „Carnegie" allen schmeckt.

Danny Rose Special Sandwich
(pro Person)

Gepökelt werden – nicht nur in der jüdischen Küche – die Fleischstücke mit Salz, das eingerieben wird; oder sie werden in Pökellake mariniert, die aus Salzlake mit Zucker, Pfeffer- und Wacholderbeere, Thymian und anderen Gewürzen besteht, aufgekocht und nach dem Erkalten über das Fleisch gegossen. Gepökelte Schinken, Speck oder Zunge werden hinterher meistens noch geräuchert.

2 dünne Scheiben warme, gepökelte Rinderbrust	mit
frisch gemahlenem schwarzem Pfeffer	einreiben.
2 Scheiben Weißbrot (kein Toastbrot)	kurz antoasten, innen nach Geschmack mit
Mayonnaise	bestreichen, die Rinderbrust dazwischenlegen, drei
Gurkenscheibchen	auf das Fleisch legen. Mit
frischer Petersilie	und
1 Prise Zimt	sowie
einigen Spritzern Zitronensaft	und
einigen Spritzern Weinbrand	abrunden.

Einkaufen für das „Broadway Danny Rose Sandwich"

Couscous zum Ausflippen
EHEMÄNNER UND EHEFRAUEN

Eine Geschichte über Liebespaare, Männer und Frauen in Manhattan, die in die Krise kommen – oder auch nicht. In der folgenden Szene trifft Gabe (Woody Allen) Jack und seine Freundin Sam in den Straßen von Downtown. Sie plappern über dieses und jenes.

SAM: *„Ich hab früher täglich rotes Fleisch gegessen. Dann hab ich's aufgegeben. Neulich hab ich zufällig wieder was gegessen, und ich fühlte mich total aufgedunsen. Ich fühlte mich echt mies."*

JACK: *„ Wir… wir könnten uns auch was bestellen. Es gibt da einen kleinen Mexikaner bei uns um die Ecke. Falls ihr Vegetarisches nicht mögt, meine ich."*

SAM: *„Oh, ja! Ich, ich flipp' aus bei Couscous!"*

Couscous
(für 4 Personen)

150 g Kichererbsen	in kaltes Wasser einweichen und über Nacht stehen lassen, danach abtropfen lassen, das Wasser aufheben.
600 g Lammfleisch	säubern und würfeln,
1 Gemüsezwiebel	abziehen und würfeln,
2 Tomaten	enthäuten, entkernen und achteln.
2 Möhren	säubern und würfeln, ebenfalls
1 Zucchini	und
½ Stange Lauch.	
150 g Kürbisfleisch	entkernen und würfeln.
300 g Couscous-Grieß	mit
300 g heißem Salzwasser	vermengen und aus der Masse kleine Kugeln formen. In einem Topf
5 EL Olivenöl	erhitzen, Fleisch, Gemüse und Kichererbsen darin anbraten. Darunter
1 EL Tomatenmark	rühren, mit
Salz, Pfeffer und	
Zitronensaft	abschmecken,
2 gepreßte	
Knoblauchzehen	dazugeben, ebenfalls das Weichwasser der Kichererbsen. Die Grieskklößchen in ein Küchensieb legen und in den Topf hängen, den Deckel schließen, damit der Dampf sie gart: das ganze Gericht gut eine Stunde lang köcheln lassen, danach die Sauce getrennt reichen.

Mord und süßsaure Rippchen
BULLETS OVER BROADWAY

Die Geschichte einer New Yorker Theateraufführung in den „roaring twenties“, Gangster bestimmen die Besetzung und ein Mafia-Gorilla wird zum Dramaturgen. Die Schauspieler sind skurril, eine Dame kann nicht spielen, eine andere spielt nur mit ihrem Pinscher und die männliche Hauptrolle frißt alles in sich hinein, was die Küche bietet. Den Film eröffnet Woody Allen mit einem hübschen Gag: Nach einem Mord mit Maschinenpistolen haben Gangster Mordshunger und müssen futtern. Schüsse fallen in der Nacht, drei Leichen fallen zu Boden, Gangster pusten den Rauch von den Läufen ihrer MPs.

1. GANGSTER: „So, das ist die Lektion.“
2. GANGSTER: „Na kommt, gehn wir was essen.“
3. GANGSTER: „Ich hätte Lust auf Rippchen.“
4. GANGSTER: „Ich könnte 'n Dutzend Rippchen vertragen.“
3. GANGSTER: „Gute Idee.“

Rippchen nach Mafia-Art
(für 4 Gangster)

1½ kg Schweinerippchen	mit Salz und Pfeffer einreiben und in
3 EL Mehl	wenden. Die Rippchen in
4 EL Olivenöl	von beiden Seiten knusprig anbraten und warm stellen.
350 g Ananas	würfeln. Ungefähr
300 ml Ananassaft	mit
2 EL Sojasauce,	
2 EL Rotweinessig,	
1 EL braunen Zucker	verrühren und mit dem Fleisch in einen Topf legen. Ungefähr eine dreiviertel Stunde lang köcheln lassen, am Schluß den Deckel abnehmen, damit die Sauce andickt. Ein paar Minuten vor Ende der Garzeit die Ananaswürfel dazugeben, dabei
2 rote Chilischoten	in Ringe schneiden und die Rippchen damit garnieren. Peng!

VERDAULICHES UND SCHWERVERDAULICHES
Wenn Woody Restaurantkritiker wäre

Wäre Woody Allen Restaurantkritiker, dann würde sich sein aktueller Essay zum Essen und Trinken in Manhattan Downtown vermutlich so oder ähnlich anhören.

„Koschere Gerichte sind am Hudson River selten zu bekommen, man muß dies als Ausdruck des Friedensprozesses rund ums Jordanland ansehen. Wer wollte schon die historische Einigung zwischen Palästinensern und Juden durch versalzene Pastrami gefährden. Das beste Corned Beef der Stadt bereitet Mosha Dayani in „Moshe's" zu. Er brät es kurz an, wobei er während dieses Vorganges laut jammert, als stünde er an der Klagemauer, damit nimmt er den Protest der Gäste schon vorweg. Corned Beef als Speise im Friedensprozeß dürfte selbst der Likkud-Block akzeptieren, obwohl diese Leute sonst eher auf Speichel im Bart stehen. Bei „Moshe's" erwartet der Gast rotbraunes Corned Beef mit Rosmarinpulver – und er bekommt es auch. Dies überrascht um so mehr, als der Chefkoch ein Albino ist, der die Welt der Farben haßt. Corned Beef, reines Rind, bei „Moshe's", ist bestürzend in seiner Direktheit, es ist keine Pizza und kein Gnocchi Diavolo, es ist Corned Beef. Wer darüber zu zahlen vergißt, der sollte hinterher zu „Elaine's" gehen, dem Star-Schuppen mit den besonders großen Tellern und den wunderbar verpappten Mehlsaucen.

Bei „Elaine's" begann ich mit Filetspitzen, die 1968 in den Katalog der Menschenrechte aufgenommen wurden. Ich spülte mit einem Barolo, der die Farbe des Vatikans besaß, aber eher atheistisch schmeckte und hinterher eine absolut unchristliche Wirkung hervorrief. Die Frage nach dem Sinn des Lebens stellte ich mir danach nicht mehr. Ja, selbst die Frage nach dem Sinn des Todes verschwand in dem Moment, als die Wirtin mir kleine Gürkchen der Saison servierte. Was sage ich! Dies waren keine Gürkchen, sondern ein formgewordener Beweis der Überlegung, daß ich existiere. Ich schmeckte! Also war ich. Im edlen „Mafia House" gibt es übrigens nur Gürkchen, aber dies ist eine Form der zur Schau getragenen Unschuld, die ich zu italienisch finde. Auch mit Gürkchen kann Chefkoch Vito Tortelloni nicht von der Tatsache ablenken, daß Gäste in italienischen Restaurants Vielfraße, also durch und durch korrupt sind. Das größte Erlebnis hatte ich bei einem anschließenden Besuch im „Russian Tea House". Man serviert mir – und das auch noch ungefragt! – einen zwei Meter großen Hummer, der mich spöttisch angriente. Dann verschwand er blitzschnell unter dem Tischtuch und ich hörte eine Weile lang ein merkwürdiges Plätschern, bis ich nachsah und zwei Nixen beim heimlichen Küssen entdeckte. Nach dieser irritierenden Erfahrung, die meinen Hunger keineswegs stillte, sehnte ich mich nach meiner ersten Ehefrau zurück, die die Gewohnheit hatte, mir Steaks zu braten, ohne die Frischhaltefolie vorher zu entfernen. Ich meine, wenn schon hungern, dann wenigstens im vertrauten, familiären Kreis. Ich hätte mich damals nicht scheiden lassen sollen, jedenfalls nicht bevor sie mir die restlichen Buchstaben ihres Vornamens verriet, andrerseits… Aber das führt hier zu weit.

Am besten mit Salami verfährt „Johnny" am Times Square. Er legt die ganze Wurst in ein Faß mit Vinaigrette und sieht zu, wie sie langsam versinkt. Danach serviert er Austern.

Am wenigsten experimentierfreudig geht es bei Clavigo im „Jerusalem" zu. Dort zögert man mit der Zubereitung so lange, bis alle Gäste das Lokal verlassen haben.

Eine gewisse Unentschiedenheit in der Rezeptur kann man auch in den „Delis" der Innenstadt beobachten. Man bestellt dort Roastbeef und bekommt Wiener Schnitzel auf Toast, die Rechnung wird danach jedoch auf Selleriesalat ausgestellt. Man munkelt, die Köche in den „Delis" gehörten einer Sekte an, die den Hungern für eine lobenswerte und angeborene Charaktereigenschaft hält.

Es mag ein besonderer Ausfluß dieser Tatsache sein, daß die „Delikatessen Restaurants" neuerdings Brathähnchen im eigenen Blut servieren. Der Hinweis ist überdeutlich, man will damit ausdrücken, daß hinter jedem lukullischen Genuß der Tod und die Vergänglichkeit lauern. Das Gericht wird umsonst serviert, dafür verlangen die Besitzer als Eintritt so hohe Summen, daß sie ihren Laden finanzieren können. Beim Anblick dieses Hühnchens erinnerte ich mich plötzlich stark an meine Jugendgespielin Gretchen, die ich heimlich beobachtete, wenn sie zu Bett ging. Ich habe keine Ahnung, warum sie mir in diesem Augenblick einfiel.

Die Namen der Kellner bei den „Delis" entsprechen übrigens nicht den allgemeinen Hygienebestimmungen. Dafür sind die Desserts jugendfrei. Und die Öffnungszeiten stimmen mit dem ersten Artikel der amerikanischen Verfassung überein, in dem das Streben nach Glück zum obersten Gut gezählt wird. Und ich schwöre, daß der Barmann hinter dem Tresen in einem Buch las, das den Titel „Die Rolle der Gewürznelken im Sabbat" trug.

Über die Größe der Portionen in den angesprochenen Restaurants, die sich übrigens auffälligerweise sämtlich in der Nähe von Friedhöfen befinden, kann man streiten. Im „Smoky's" ist das Gericht so übersichtlich, daß man erst beim

Entspannung mit der Zeitung, Kaffee und Butterkeksen

genaueren Hinsehen entdeckt, daß der Teller leer ist. In der „Aubergine" gibt es immer genau dreizehn Bandnudeln. Dafür besteht die Sauce aus unzählbar vielen, sich widerstreitenden Geschmacksnuancen. Bei „Elaine's" – ich erwähnte es schon, sind die Portionen riesig, zwei Preisboxer müssen gemeinsam servieren; wie auf einer Zeichnung von Robert Crump muß man Sorge tragen, nicht zwischen den Ritzen und Falten des Fleisches zu verschwinden. Bei „Fettucine und Gnocchi" will man niemanden verärgern und serviert gleich die Speisekarte – mit der entsprechenden Geschmacksrichtung. Der Wein wird akustisch eingespielt.

Das Teuerste bei „Marco" sind die Zahnstocher, dafür schmecken sie auch am besten. Zum Nachtisch bei „Chaim" gab es Lakritzeschnecken. Er importiert sie eigenhändig aus Nepal, wo sie auch als Gebetsmühlen benutzt werden und eher nach Blinis schmecken. Wenn Sie mich nach meinem befriedigendsten Erlebnis auf meinem Rundgang durch die Restaurants von Manhattan fragen: Es war die Rechnung bei „Sermone", als ich sie ableckte, schmeckte sie nach Antipasta. Insgesamt gesehen war mein Besuch in Downtown also durchaus positiv, wenn auch die Speisen dabei ein wenig störten."

WAS SIE SCHON IMMER ÜBER WOODY ALLEN WISSEN WOLLTEN

In Flatbush, New York-Brooklyn, kommt Allen Stewart Konigsberg am 1. Dezember 1935 auf die Welt der kleinen Leute und beschließt sofort, sich anzupassen. Er bleibt mickrig. Und durchschnittlich. Fällt nur durch seine Ballbehandlung auf, wenn er dem Basketballkorb oder dem Baseball mal zustrebt. Da ist er ganz groß. Und auch sein rechter Aufwärtshaken ist nicht übel. Ein normaler Junge also, der die Schule haßt. In der Freizeit und um „seinem wachsenden Verdacht, er sei nicht Mozart" zu begegnen, liest er die nordamerikanische Weltliteratur: Superman und Batman.

Flatbush, Brooklyns jüdischer Teil, schärft Woodys Beobachtungsgabe. Seltsame Typen bevölkern hier die Straßen: langbärtige Rabbis, o-beinige Gemüsehändler, Sardellendompteure, alte Männer, die ihre Pfeife auf den Köpfen der Jungen ausklopfen. Im Flatbush seiner Kindheit festigt sich Woody Allens Glaube, daß er im „Gespräch mit Strawinsky einen Salto rückwärts" fertigbrächte und daß es ein Leben nach dem Tod gibt, das sich nicht allzuweit vom Stadtzentrum Brooklyns abspielen würde.

Mit 16 verpaßt er sich einen Künstlernamen. Sein Vater nennt ihn „Woody" wegen seiner Vorliebe für hölzerne Kricketschläger, also nennt er sich ab jetzt auch so: Woody Allen. Und so, wie er seinen Namen ändert, wird er später auch seine Erinnerungen an die Kindheit manipulieren. Die Anekdoten, die Woody Allen in Büchern und Filmen erzählt, sind eine Mischung aus Erfundenem und Wahrem, in jedem Fall nachbearbeitet, Allen-Memoiren als Spiel. Der autobiographische Woody Allen alias Allen Stewart Konigsberg hat sich in Flatbush verdünnisiert, als flüchtige Idee im Geiste Gottes oder des Fernsehens. Stellen wir uns Woody dennoch einmal vor – so wie er durch seine Filme geistert: Wahr dürfte sein, daß er hart zu kämpfen hatte, denn Brooklyn ist ein hartes Pflaster. Straßenbanden terrorisieren speziell Woody, und der kleine Junge mit dem rostroten Igelhaar, den Sommersprossen und Zahnlücken, der in Allens frühen Filmen zu sehen ist, hat einen großen Verschleiß an dicken, schwarzrandigen Hornbrillen, auf denen Autoritäten aller Art herumtrampeln.

Seine Eltern stehen ihm nicht bei. Sein Vater, ein Scheusal, die Mutter zwar verständnisvoll, aber schwach. Beide sehen aus wie Groucho Marx *(Woody, der Unglücksrabe).* Sie streiten sich über alles, darüber, ob ihre farbige Putzfrau aus Harlem ein Recht hat, sie zu beklauen *(Der Stadtneurotiker),* und später auch

über Woody. Manchmal geht es in seinem Elternhaus so laut zu, daß die Leute von der Kegelbahn, über der die Konigsbergs wohnen, sich wegen Ruhestörung beschweren. Denn auch die Großeltern, die seit fünfzig Jahren miteinander verheiratet sind und sich noch immer wie am ersten Tag überschwenglich hassen *(Die letzte Nacht des Boris Gruschenko),* tragen ihr Teil bei. Da die Familie zu allem Unglück auch noch unter einer Achterbahn wohnt, ist es kein Wunder, daß Woody nervös ist. Zumal seine Eltern ihm an allem die Schuld geben, wie Allen in *Zelig* aufdeckt. Selbst wenn er von Antisemiten schikaniert wird, stellen sie sich noch auf die Seite der Antisemiten. Oft schließen sie ihn zur Strafe in einen dunklen Wandschrank ein – um das Strafmaß zu verschärfen, gehen sie auch mit hinein. Es überrascht Woody nicht, daß sein Vater ihm auf dem Sterbebett erklärt, sein Leben sei ein sinnloser Alptraum. Der einzige Rat, den er seinem Sohn mitgibt: Sammle alle Paketschnüre. Und als er ihm sein wertvolles Stück Bauland vererbt, muß Woody Allen erkennen, daß es nur handtellergroß ist, und er begreift, daß sein Vater nicht nur ein Scheusal, sondern auch ein Vollidiot ist. Kein Wunder auch, daß Woody später träumt, mit einem Flugapparat auf dem Rücken urplötzlich aus Brooklyn abzuheben, wie in *Stardust Memories.* Und er geht, im selben Film, sogar noch weiter: Während eines Nickerchens läßt er seine Aggressionen frei, die als Gestalt gewordenes Wutmonster daraufhin seine ganze Familie ausrottet.

Daß Woody in der Schule nicht zurechtkommt, versteht sich von selbst. Nicht genug, daß seine Mitschüler eine Bande von Armleuchtern sind, die später in so zweifelhaften Berufen wie dem eines Gebetsriemenhändlers, des Präsidenten eines Sanitärbedarfsverbandes oder des drogenabhängigen Drogisten aufsteigen, wie er in *Der Stadtneurotiker* resümiert, auch der Lehrkörper ist vertrottelt: „Wer nichts kann, der unterrichtet, wer nicht unterrichten kann, gibt Sport, und die Lehrer, die auch das nicht mal konnten, die waren todsicher in unserer Schule."

Aber er findet ein Mittel, den Alltag zu überlisten: er zaubert. Das Zaubern, sagte Woody Allen später, „entsprach allem, was ich damals brauchte. Es schirmte mich gegen die Welt ab. Es war viel besser als Schule. Die ganze Schule war unangenehm. Ich hatte nie die richtigen Antworten. Nie machte ich meine Hausaufgaben."

Dafür, daß er in Brooklyn aufwächst, entwickelt sich Allen jedoch gut. Er findet sich ganz normal. Nur beim Psychiater zieht er ein düsteres Fazit: „Mein

Hobbykoch Allen beim Teigausrollen

Bruder schlug mich, meine Schwester schlug meinen Bruder. Mein Vater schlug meine Schwester, meinen Bruder und mich. Meine Mutter schlug meinen Vater, meine Geschwister und mich. Die Nachbarn schlugen uns alle. Die Leute in unserer Straße schlugen unsere Nachbarn und uns" *(Zelig)*.

Eines Tages beschließt Allen, Erfolg zu haben. Im „Flatbush Theatre" sieht er die Erfolgreichen: Tänzer, Witzemacher, Grimassierende. Die Welt des Entertainments zieht ihn an. Er spitzt Ohren und Bleistifte und merkt sich, worüber die Leute lachen. Bald denkt er sich eigene Witze aus und liest sie zu Hause seiner jüngeren Schwester Letty vor. Witzig ist er auch an der Klarinette, die er täglich zu üben beginnt. Sie ist zu groß für ihn, und er „verheddere sich oft mit der Zunge im Mundstück". Aber nach längerem Üben kann er immerhin schon einen langen Ton spielen. Mit 17 ist er ein perfekter kleiner Ein-Ton-Krachmacher.

Das schüchterne Sportnachwuchstalent mit der langen Klarinette ist hingerissen von den Mädchen. Er hätte sie gern begrapscht, weiß aber nicht, wo sie ihre Griffe haben. Die Mädchen sehen über ihn hinweg. Wenn es ihm doch gelingt, eine mit aufs Zimmer zu kriegen, dann nur, weil sie seine Kartentricks sehen will. Und W., die er heiraten will, weigert sich, ihm „auch die anderen Buchstaben ihres Namens zu sagen".

Im Kino ist das anders. Woody identifiziert sich voll und ganz mit Humphrey Bogart, mit dem er zusammen reihenweise Blondinen abschleppt. Aber außerhalb des Kinos scheinen die Mädchen irgendwie von ihm enttäuscht. Um das zu ändern, legt er sich philosophische Aphorismen zu wie: „Das ewige Nichts ist okay, wenn man entsprechend gekleidet." Solche Aussagen beeindrucken die Mädels, vertreiben sie aber auch sämtlich. Später bekennt Woody: „Praktisch haben mich die Mädchen auf Nietzsche, Trotzki und Beethoven gebracht." Aber im Moment bringen sie ihn auf hundert.

Trotzdem glaubt Woody an sich selbst. Er, klein, rostrothaarig und linkisch, fühlt sich wie „eine ungezähmte Kreatur, ein Geschöpf der Natur! Wie eine wunderschöne Maus – oder eine Zecke". In ihm steckt mehr als der Subway-Fahrschein für die 45minütige Fahrt rüber nach Manhattan, die er jetzt fast täglich antritt, um sich in die Theaterwelt des Broadway hineinzuträumen. Aber diese Träume, verbunden mit der langen Fahrt in der rumpelnden Stadtbahn, sind anstrengend. Woody ist jedesmal, wenn er nach Flatbush zurückkehrt, so sehr geschafft, daß er sich fühlt wie „O'Higgins, dem sein Anzug gestohlen wurde, während er noch drinsteckte". Aber er reckt seine ausgewachsenen 1,65 Meter und schickt seine Texte los. Den Zeitungen scheinen sie zu gefallen und Woody kann bald mit Witzen Geld verdienen – es ist zum Lachen!

Die Gagschreiberei bringt ihm tausend Dollar die Woche. Damit kann er Harlene heiraten. Zu diesem Zeitpunkt kann er sich noch ganz genau vorstellen, wie sie aussieht: „ein nettes Mädchen". Seine Frau bombardiert ihn mit Fragen ihres Philosophiestudiums, und Woody ist bemüht, seine Kunstfigur zu entwickeln: jenen Sozialfall aus dem jüdischen Viertel, der sein Publikum mit gutkalkulierten Überlebenswitzen k.o. schlägt.

Obwohl Allens Erfolg wächst, bleibt er schüchtern. Wenn er für eine Fernsehshow engagiert ist, stellt er sich hinten in die Besucherschlange, um eine Eintrittskarte zu ergattern. Aber mit Metaphysik und Geldverdienen reißt er sich zusammen. Mit viel Arbeit am Hals trifft Woody nach der Scheidung von Harlene Rosen die junge Schauspielerin Louise Lasser. Sie wird später unter anderem für ihn die Nancy in *Bananas* spielen. Louise stärkt Woodys Selbstvertrauen, er glaubt nicht mehr ein Elch zu sein, er weiß nun, daß er ein Komiker ist. Sie heiraten. Und Woody gewöhnt sich daran, seine Witze selbst in Nachtclubs vorzutragen, dort schlüpft er in seine beste Rolle: die des intellektuellen Versagers, des jüdischen Schlemihls, des neurotischen Erotikers.

Im „Blue Angel" sehen ihn der Hollywood-Tycoon Charles K. Feldman und seine Freundin Shirley McLaine, und Feldman zieht den Komiker an Land. Er soll für ihn eine Popkomödie schreiben oder irgend was Junges. Woody ist einverstanden. Für 25.000 Dollar macht er noch ganz andere Sachen, dafür schnitzt er sogar einem „Rabbi mit einem Stichel die Geschichte Ruths in die Nase". Aber das ist gar nicht nötig. Woody soll nur das Drehbuch zu „What's New Pussycat?" umschreiben. Den sexuellen Anstrich bekommt das Werk durch Woody, der sich eine Nebenrolle reserviert. Das Lichtspiel wird einer der schlechtesten Filme, die je auf Zelluloid gebannt wurden, aber er spielt 17 Millionen Dollar ein und katapultiert Allen ins Penthouse der Erfolgsautoren. Man kann sich nun glatt bei einem warmen Mittagessen in Manhattan mit ihm sehen lassen.

Nach ein paar weiteren Erfolgen beginnen ihn jedoch Zweifel zu plagen. „Was ist, wenn alles bloß Illusion ist und nichts existiert?" Hat er dann nicht zuviel für sein neues, kariertes Hemd bezahlt? Aber er arbeitet weiter, schreibt Theaterstücke, Artikel, preßt Platten mit Nightclub-Auftritten und führt Filmregie. Er wird bereits als genialer Clown gefeiert, erinnert sich aber auch an Nadelmans Schicksal, der einmal aus seiner Opernloge fiel und dieses Unglück danach aus Scham so lange wiederholte, bis er eine Gehirnerschütterung davontrug. Das Leben ist voller Neurosen.

Selbst Woodys Wäschelisten und Essensreste finden bald wissenschaftliche Beachtung, und seine „Bekenntnisse eines Vollgefressenen" werden zum Best-

seller. Darin bekennt er: „Ich aß alles, was mir vor die Augen kam. Kuchen, Brote, Haferflocken, Fleisch, Obst. Köstliche Schokoladen, Gemüse in Saucen, Wein, Fisch, Pudding und Nudeln, Eclairs und Wurst im Gesamtwert von mehr als sechzigtausend Dollar. Wenn Gott überall ist, hatte ich gefolgert, dann ist er auch im Essen."

Je mehr er ißt, desto göttlicher wird er. Und dennoch bleibt seine Angst, man könnte ihn zwingen, „beim Epsom-Derby mitzulaufen".

Anfang der siebziger Jahre ist Allen Millionär (1995 ist er zwanzigfacher Millionär). Er beginnt, seinen Bestand an Schlapphüten auf zwei Stück aufzustocken – er kann sich das jetzt leisten. Nur Louise Lasser, die jede Nacht neben Nordamerikas größtem Humoristen im Bett liegt, ist nicht befriedigt. Sie reicht die Scheidung ein, denn Woody ist zu sehr damit beschäftigt, sich auf die Rolle des größten Liebhabers aller Zeiten vorzubereiten – wenn er allein ist. Das bekennt er jedenfalls in *Die letzte Nacht des Boris Gruschenko.* Woody liebt Louise weiter aus der Ferne und läßt seine neue Freundin Diane Ketaon in *Mach's noch einmal, Sam,* seine Ex-Frau nachspielen. Das ist für ihn ebenso selbstverständlich wie die Tatsache, daß es unbedingt erforderlich ist, mit einer Person, die man lieben will, „im selben Zimmer zu sein – hinter den Gardinen versteckt."

Die begabte Theaterschauspielerin Diane ist das Größte, das Woody bis dahin an Land gezogen hat (1,70 Meter). Das Paar zieht zusammen in Allens zweistöckiges Penthouse in der Fifth Avenue, einem Elfzimmer-Traum, von dessen Terrasse aus der Central Park zu kontrollieren ist – wie der Film *Manhattan* beweist. Woody macht in dieser Zeit einen Bogen um Leute, die mehr als einen Zentimeter kleiner sind als er, denn er ist und lebt bescheiden. Nur hin und wieder geht er aus, um sich ein paar Dutzend schlicht aussehende Edeloveralls für die Küche zu kaufen, und auch das nur mit jener legendären „Schweinemaske aus Gummi vor dem Gesicht, die er während der Okkupation in Europa getragen hatte, um die Nazis zu ärgern." In dieser Tarnung gewöhnt er es sich an, „Leuten einen Klaps auf den Hinterkopf zu geben und es hinterher abzustreiten." Er feilt an seiner Wirkung als Komiker und an seinen Tricks im Konkurrenzkampf des Showbiz.

Was Woody auf jeden Fall weiter versucht, ist zu wachsen: Mit einer Vielzahl von filmischen Meisterwerken gelingt ihm das. Er wird immer größer und schafft es laut einer Umfrage des Frauenmagazins „Playgirl" von 1980 sogar,

Ob die Fettucine schon fertig sind?

einer der zehn erotischsten Männer der Welt zu sein. Der Neurotiker mit dem gepflegten Sex-Appeal eines Versagers hätte zu diesem Zeitpunkt noch seinen Abschiedsbrief zu einem Bestseller machen können. Nur ein bißchen Make-up hätte ihm nicht geschadet. Anfang der neunziger Jahre erschütterte er die Medien-Welt mit einem Prozeß um Sorgerechte gegen seine – auf Diane folgende – Lebensgefährtin Mia Farrow, seitdem ist er mit einer seiner Adoptivtöchter liiert – Woody Allen, immer für eine Überraschung gut.

Auf die Frage, ob es nach seinen großen Erfolgen – der letzte: *Bullets over Broadway* – immer so weitergehe, sagt er: „Die Antwort ist ja. Aber wie war noch gleich die Frage?" Er legt sich also nicht fest, alles ist möglich. neben seinen Filmen beschäftigen ihn weiter die Beziehungen. „Frauen, überlegte er zu der Zeit, sind etwas Weiches, das einen umhüllt. Das Dasein ist auch was Weiches, das einen umhüllt. Irgendwann wickelt es einen total ein."

Woody Allen hat es geschafft. Er singt heute vor Freude jeden Morgen die Marseillaise, nimmt endgültig den Möbelschoner ab, den er bis dahin über dem Kopf trug, und schwört sich, seine Weltanschauung niemals zu wechseln, selbst dann nicht, wenn das Hinduistische einmal nicht ausgebucht sein sollte. Mit seinen letzten Erfolgen Mitte der neunziger Jahre kommt er auch von der Befürchtung ab, seine innere Stimme, die fortgesetzt „lebe!" und „mach weiter!" zu ihm sagt, sei in Wahrheit sein Versicherungsvertreter Fischbein. Es kann nur sein Produzent sein, oder er selbst. Er liebt das Leben, vor allem dann, wenn das In-der-Welt-Sein mit kombinierter Pizza, Pastrami, knoblauchgetränkten Riesengarnelen und Hühnchen Tetrazzini belohnt wird. Und wenn seine Stammrestaurants weiterhin in Manhattan liegen.

(Die Zitate in Anführung stammen aus Allens literarischem Werk)